はじめに

「ドリブルがサッカーをもっと面白くする。ドリブルでサッカーがもっと好きになる」これが僕たちREGATEドリブル塾の最大のテーマであり、信念です。

「ドリブル技術の向上」は「ボールを思い通りに扱える」ということです。間違いなくサッカーが今よりももっと楽しくなります。ドリブルはサッカーで活躍するための秘訣であり、最大の喜びにもつながります。本書を手にとっていただいた皆さんもきっと「もっとドリブルが上手くなりたい！」「かっこいいフェイントでDFを抜きたい！」との思いでご覧になっていることでしょう。

本書はそんな選手たちに向けた「ドリブルテクニックの大図鑑」です。写真付きでの解説だけでなく動画（QRコードからアクセス）の中で実際にプレーを見せながら、誰でも分かりやすく説明していきます。写真や文章だけでは伝えきれない部分も動画を使って深掘りすることで、技の習得につなげるのが目的です。

本書ではそれぞれの技のレベルによって、初級編から上級編までを紹介しており、最後の方では「カミワザ編」と題して、普段はなかなか教えてもらえないような難易度の高いテクニックも掲載しております。これらの技は遊びの要素が強くなりますが、「いつか遊びがものをいう」と言われるように、遊びの中から、ステップを速くしたり、足を素早く動かせるようにするための「動きづくり」につなげる狙いもあります。

普段からたくさんボールに触れ、遊ぶことはサッカーが上手くなる上での土台にもなります。

僕たちは普段「ドリブルコーチ」としてYouTubeやスクール、イベントの活動を行っております。ドリブルを教える時に大切なのは、言語化ももちろん必要ですが、何より指導者が「実際に動いて見せること」です。実際に見せた方が教わる立場からすると圧倒的に伝わりやすくなります。普段から動画配信に力を入れているのもその理由の一つです。ドリブルについて研究し、追求し続けた結果、ドリブル動画がSNSでも話題になり大変多くの方々からご支持をいただけるようになりました。

今では大変ありがたいことに、国内のみならず、ドイツやスペイン、アメリカなど世界各国からもドリブルクリニックのオファーをいただいており、ドリブル指導をする多くの機会にも

恵まれました。そのような機会は僕たちの指導者としてのレベルも一段と高めてくれました。

　本書では、僕たちがやってきた数多くのドリブルテクニックの中でも、実戦で使いやすい技から、できたらカッコイイ技まで、オススメのテクニックをレベルごとにまとめてみました。

　この本を読んで、動画を見て、実践をすれば「ドリブルスキルの引き出し」が増えることをお約束します。

　ドリブルは人々を魅了するプレーの一つです。「圧倒的な個」を持ったドリブラーは、試合の局面を打開する上でもチームに必要な存在です。海外のサッカーを見ていても試合を決める選手に共通しているのは「ドリブルが上手い」ケースが多いことに気付くはずです。

　読者の皆さんがこの本を通じて多くのドリブルテクニックを習得し、さらには今よりももっとサッカーが好きになるキッカケになれば、筆者としてこれ以上幸せなことはありません。

　それでは、REGATEドリブル塾のドリブル講座スタートです。僕たちと一緒に楽しくドリブルテクニックを学んでいきましょう！

have fun Regate Dribble Skills
R.
Why so serious Just

REGATEドリブル塾
TAKUYA

中級編

上級編

OK!

カミワザ TAKUYA編

カミワザ しょうちゃん編

column コラム

公園やグラウンドで
動画を見ながら
練習したい時は

本書は、ご自宅でご覧になるのはもちろん、公園やグラウンドなどにスマートフォンをお持ちいただき、その場で動画を見ながら練習することもできます。例えば、以下のような方法だと比較的簡単に動画再生が可能です。参考にどうぞ。

1 本書の中から練習したい技を選ぶ

2 スマートフォンでQRコードを読み込む

3 YouTubeが開いたら、そのまま動画を再生

4 いったんYouTubeを閉じる

5 公園やグラウンドなどに、スマートフォンとサッカーボールを持って行く

6 再びスマートフォンでYouTubeを開く

7 ホーム画面が開いたら、画面右下の「ライブラリ」をタップ

8 「最近視聴したコンテンツ」の中から、さきほど選んだ技の動画をタップ

9 動画を見ながら練習

※ 端末によっては再生方法が違う場合があります。

初級編

しょきゅうへん

1対1で勝つ!
たい   か
突破のドリブルテクニック50
とっぱ

王道中の王道! フェイントといえばまずはこれ!

シザース

1対1

1 相手に仕掛けるドリブル

2 間合いを見極めてシザースの体勢に入る。ボールは体よりも少し前

5 またいだ右足をボールの外側へ着地させる

6 着地させた瞬間、またいだ方向(右側)へ肩を少し落とす

1対1で勝つ! 突破のドリブルテクニック50

このページは右足でドリブルしています。左利きの人は、左右の足を置き換えてください。

ポイント

▶コツは、またいだ足が着地する前に逆足のアウトでタッチするイメージで行うこと(写真6〜7。詳しくは動画で解説)。もちろん実際には着地させてからアウトでいいが、これを意識するだけでもシザースにキレが生まれる。クリス

10

シザースは速く大きくまたぐことが大切というのは聞いたことがあると思うが、それに加えて「華麗さ」も必要だ。その華麗さがフェイントのキレにもつながる。

このQR コードから動画を読み込んでください

3 右足のかかとがボールの前を通過するように

4 大きくまたぐ

突破

7 左足アウトのタッチで反対方向へ持ち出す

8 相手DFの逆をつき一気にスピードを上げ突破

ティアーノ・ロナウドのシザースを見れば、この説明にも納得するだろう。

大きく、速く、そして華麗に

メッシ選手が極めたテクニック！ボディフェイント

1対1

1 相手DFに向かいドリブルを仕掛ける

2 右足で踏み込む体勢に入る

5 相手DFはつられて重心が後ろに下がる

6 左足のアウトのタッチでボールを押し出す

1対1で勝つ！突破のドリブルテクニック50

このページは左足でドリブルしています。右利きの人は、左右の足を置き換えてください。

ポイント

▶行きたい方向と逆に踏み込むことでDFはそれにつられ重心が動く。そこを見逃さず、行きたい方向にアウトのタッチをすると、まるでDFが通してくれたかのように道が開ける。▶重要なのは、踏み込む時に上半身も一緒に沈

ボディフェイントはボールに触れることなく重心移動のみでDFの逆をつくテクニックだ。簡単なフェイントだが極めればメッシのようにスルスルとDFをかわすことができる。

3 大きく踏み込む

4 踏み込んだ方(右側)の肩を沈み込ませる

突破

7 相手DFの届かない位置にコントロール

8 突破

上半身の動きが技の成功を決める!

み込ませることだ。この動作を加えることでフェイントにリアリティーが生まれる。コツとしては、肩を落とすイメージを持つとスムーズに重心移動が行える。

久保建英選手も よく使う最強テクニック！

マシューズ

1対1

1 スピードに乗っていない
状態で相手DFと1対1

2 前にボールを運ぶような
体勢から

5 ジャンプさせた左足が着地したの
とほぼ同時にさらに2タッチ目の体勢

6 右足の小指でタッチ（2タッチ目）

1対1で勝つ！ 突破のドリブルテクニック50

このページ
は右足でドリブルしています。左利きの
人は、左右の足を置き換えてください。

ポイント

▶2回のタッチでボールを左右に動かし相手
をだますテクニックだが、実は「軸足の使い
方」が重要。1タッチ目を親指の内側で触る
際、軸足も一緒に軽くジャンプさせるように
しながら移動することで2タッチ目を上手く

マシューズとは、「ドリブルの魔術師」と呼ばれていた、イングランドサッカー史上に残る「スタンリー・マシューズ」が得意としていたフェイントであり、今もドリブルの基本技として多くの選手が使っている。久保建英選手もその一人だ。

このQRコードから動画を読み込んでください

3 右足の親指の内側でボールタッチ（1タッチ目）

4 1タッチ目をしたのと同時に左足（軸足）を軽くジャンプ

突破

7 しっかり踏み込みタッチしたボールにいち早く反応

8 相手の逆をつき突破

触ることができる（写真4〜6。詳しくは動画で解説）。

軸足の使い方が大事！

使い方変幻自在の万能フェイント！ステップオーバー

1対1

1 またぐ方向へボールを運ぶ

2 スピードを上げそうな雰囲気から…

5 またいだ右足を着地

6 ここが重要。左足もしっかり反対側まで持ってくる

1対1で勝つ！突破のドリブルテクニック50

このページは右足でドリブルしています。左利きの人は、左右の足を置き換えてください。

ポイント

▶コツは、またいだ後に逆足もしっかり反対側まで移動させること（動画で分かりやすく解説）。そうすることで動きがよりダイナミックになりフェイントにリアルさが生まれる。▶キックフェイントと組み合わせると、例えばボランチ

16

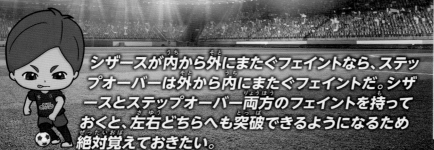

シザースが内から外にまたぐフェイントなら、ステップオーバーは外から内にまたぐフェイントだ。シザースとステップオーバー両方のフェイントを持っておくと、左右どちらへも突破できるようになるため絶対覚えておきたい。

このQR
コードから
動画を
読み込んで
ください

3 ボールをタッチするかのように右足を上げる

4 ボールには触れずにそのまま大きくまたぐ

突破

7 またいだ右足のアウトですぐにボールタッチ

8 スピードを上げ突破

キックフェイントとの組み合わせも!

の選手が右サイドに展開するフリをして逆サイドに展開、といったシチュエーションでも使うことができる。

イニエスタの得意技！
シザースに続く超簡単王道フェイント
ダブルタッチ

1対1

1 コントロールしやすい足元にボールを置く

2 相手DFがボールを奪いにくる

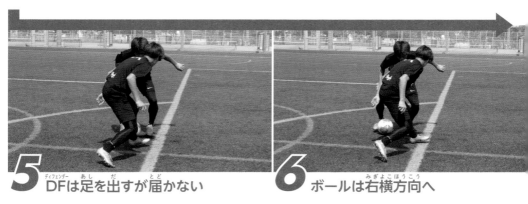

5 DFは足を出すが届かない

6 ボールは右横方向へ

1対1で勝つ！突破のドリブルテクニック50

このページは左足でドリブルしています。右利きの人は、左右の足を置き換えてください。

ポイント

▶2回のインサイドタッチはそれぞれ役割が異なり、

●ファーストタッチは横に引っ張る
●ツータッチ目は縦に抜ける

ツータッチ目は、クッションコントロール（足首

初心者におすすめNo.1のフェイント。相手をかわすテクニックを身につけたいならまずはこれだ！たった2回のタッチで瞬間移動することができる。

このQRコードから動画を読み込んでください

3 膝を曲げ腰を落とし反発の力を生み出す

4 右横にジャンプしながら左足インサイドでボールを引っ掛ける

突破

7 右足でクッションコントロール

8 縦に突破

を脱力してボールをキャッチすること)を意識すると、より技にキレが増す！

どんな状況でも対応可能の万能テクニック！

形勢逆転! ピンチをチャンスに変えるテクニック!
ザ・ロール

1対1

1 相手DFと向かい合っての1対1

2 タッチが少し大きくなりボールが体から離れている状況

5 この時、斜め前ではなく横に転がすことで相手DFの足からボールを遠ざける

6 相手DFの足をかわすことに成功

1対1で勝つ! 突破のドリブルテクニック50

このページは右足でドリブルしています。左利きの人は、左右の足を置き換えてください。

ポイント

▶足裏でボールを転がす「ロール」の部分が重要(写真4〜5。詳しくは動画で解説)。斜め前に転がすと相手の足にかかりやすくなる。真横に転がすことで相手DFの足から遠ざけるのがポイント。▶最初のところ(写真2)でボー

シンプルだが、体で覚えておくとここぞという時にかなり使えるテクニック。足裏とインサイドの2回のタッチで相手と入れ替わるようにして突破する技だが、使う状況が重要になってくる。例えば、少しボールタッチが大きくなって、自分の体からややボールが離れてしまった場面。相手DFは迷わずボールを奪いに飛び込んでくるはずだ。この時にザ・ロールを使うと効果的。技が決まれば一瞬にして相手をかわせるのだ。まさにピンチをチャンスに変えるテクニック!

このQRコードから動画を読み込んでください

3 相手DFがボールを奪いにきたところで、ザ・ロールを仕掛ける体勢に

4 右の足裏の前の部分でボールを転がす(ロール)

突破

7 入れ替わった後は左足インサイドで前にタッチ

8 突破

ルが自分の体から離れすぎていると、相手に先に触られてしまうので注意が必要。あくまで自分が先にボールを触ることが大前提だ。

斜め前ではなく真横に転がすイメージで

大きな選手にも負けない 逆がつけるフェイント
ビハインドターン

1対1

1 ドリブルで間合いをつめる

2 左足アウトのタッチで外にコントロール

5 軸足（右足）の後ろでボールを弾く

6 体の向きを反転させる

1対1で勝つ！突破のドリブルテクニック50

このページは左足でドリブルしています。右利きの人は、左右の足を置き換えてください。

ポイント

▶成功のカギは「軸足の使い方」だ！ ボールを引くと同時に軸足を前にジャンプすることで、ボールの通り道を作ることができる。

様々な状況で使えるフェイントだ。攻撃の方向を変えたい時やDFを背負っている時、前を向いたまま後ろに下がりたい時など、各ポジションでも使える万能フェイントだ。

このQRコードから動画を読み込んでください

3 左の足裏でボールをキャッチ

4 軸足(右足)を前にジャンプさせながらボールを引く

突破

7 ボールの方向に移動

8 突破

DFからボールを隠し90度ターン!

派手な技よりも使えるテクニック
Vターン

1対1

1 左足インサイドで斜めにボールを押し出す

2 同時に前に移動

5 できるだけ足元から遠い位置で左の足裏でボールを止める

6 左の足裏でボールを引くと同時に軸足（右足）を後ろにジャンプ

1対1で勝つ！突破のドリブルテクニック50

このページは左足でドリブルしています。右利きの人は、左右の足を置き換えてください。

ポイント

▶ボールを引くと同時に軸足を後ろにジャンプさせると、Vターンに深さが出て相手DFの届かない位置へコントロールできるぞ！

24

相手DFを食いつかせて素早く逆をつく、シンプルなのに効果抜群なテクニック。ご存じ、英字のVを表すターンテクニックだ! マスターして勝利のV(ヴィクトリー)を手に入れろ!

このQRコードから動画を読み込んでください

3 相手DFが食いついてくる

4 転がるボールの横に軸足(右足)を置く

7 ボールの軌道がV字を描くように左足インサイドで斜め前へ押し出す

突破

8 ボールの方に体を向け突破

習得のカギは「食いつかせて、出す」

25

ロナウドの得意技! サイドからのカットインは迷わずこれ! クリロナチョップ

1対1

1 ボールを縦に運んでいる状況

2 体もしっかり前に向けることで中へ行く雰囲気を見せない

5 右足でチョップしたボールが左足(軸足)に当たらないように、そのまま左足を前に抜く

6 ボールは軸足(左足)を抜け横方向へ

1対1で勝つ! 突破のドリブルテクニック50

このページは右足でドリブルしています。左利きの人は、左右の足を置き換えてください。

ポイント

▶ポイントはくるぶしの下あたりで強めに弾くことと、タッチした瞬間に軸足をしっかり前に抜くことだ。そうすることでボールが足にかからず上手くカットインできる。▶そして何より重要なのはタイミングだ。相手DFが横にいる

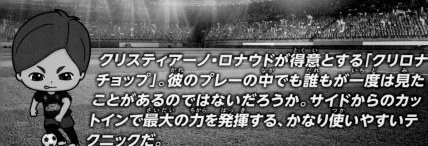

クリスティアーノ・ロナウドが得意とする「クリロナチョップ」。彼のプレーの中でも誰もが一度は見たことがあるのではないだろうか。サイドからのカットインで最大の力を発揮する、かなり使いやすいテクニックだ。

このQRコードから動画を読み込んでください

3 相手DFが縦を切りにきたタイミングで右足チョップの体勢

4 右足インサイド(くるぶし付近)で強めにタッチ。この時すでに軸足(左足)もジャンプさせている

突破

7 チョップした右足をしっかり踏み込み、すぐにボールを追える体勢に

8 カットイン成功!次のプレーへ

とこの技は使えないため、相手DFが縦を切りにきたタイミングを逃さずにこのテクニックを使うとかなり成功率が上がる。サイドでの縦のドリブルからカットインのイメージで試してみよう。

タイミングが合えば99%決まる!

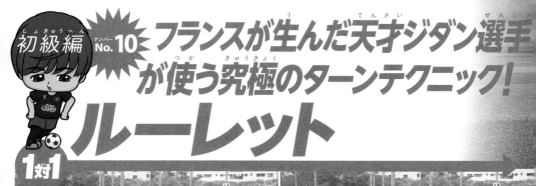

フランスが生んだ天才ジダン選手が使う究極のターンテクニック！

ルーレット

1対1

1 相手DFに向かって
ドリブルで仕掛ける

2 間合いが近づいたら
左足のアウトで外に押し出す

5 ボールを引きながら
後ろにジャンプ

6 相手DFに背を向け
左足でボールをキャッチ

1対1で勝つ！突破のドリブルテクニック50

このページは左足でドリブルしています。右利きの人は、左右の足を置き換えてください。

ポイント

▶コツは、腕を広げターンと同時に体を反転させること。これで相手DFからボールを隠し、背中でボールを守る壁を作ることができる。▶ドリブルからルーレットの場合は、技に入る前に一度、アウトサイドで行きたい方向と逆にボー

ジダン選手の代名詞のターンテクニック。もちろん足でのボールタッチも大事だが、注目する点は上半身の使い方だ!

このQRコードから動画を読み込んでください

3
相手DFがボールに食いつく

4
半身になり右足裏でボールをキャッチ

突破

7
体を反転させながらボールを引く

8
相手DFと入れ替わるようにボールの方向に体を向け逆をつく

ルをコントロールすることが大事。そうすることで相手DFが食いつきやすくルーレットのタイミングもはかりやすい。▶ルーズボール(こぼれ球)でも効果を発揮しやすいテクニックなので覚えていて損は無い。

足よりも上半身の使い方に気を付けよう

このページでは世界的な名ドリブラーのテクニックを分析しています。ぜひ参考にしてください。

ネイマールのドリブル5つの秘密

1 豊富なテクニック

もはやこれは説明不要かもしれないが、ネイマールのテクニックの豊富さは異常だ。見ている者はワクワクが止まらない反面、相手DFからしたら何をしてくるか分からないこわさがある。テクニックの豊富さは相手に迷いを与え、反応が遅れることにつながる。

2 緩急の巧みさ

「緩いスピード」から相手を誘い、タイミングを見て一気に加速し振り切る。ネイマールのドリブルでよく見かける抜き方だ。体に無駄な力が入ってないことも、「緩から急」の一瞬のスピードを可能にしている秘密。ファールを多く受けるのも、相手がネイマールの緩急についてこれないからこそ引き起こしている。

3 自信満々な雰囲気

自信を持つこと。これはドリブルをする上でとても大事だ。自信がなくおどおどした雰囲気は相手にも伝わりやすい。結果的にミスにもつながる。「いつでも取りにこいよ」というネイマールの自信

満々な雰囲気は、相手DFも飛び込みづらく、わずかな判断の遅れが、ネイマールの突破を許してしまう。そしてその「自信」は「圧倒的な技術」からくるものだ。

4 見極め力

「どう相手を抜くかはあらかじめ決めていない。すべては敵次第」これはネイマールが実際に言った言葉だ。つまり、ネイマールは相手の動きに対して、いち早く反応しどうやってかわすかを一瞬で判断している。相手の動きを「見極める力」が抜群にすごいのが、ネイマールの突破を可能にしている。

5 ドリブルが守備

「攻撃は最大の防御」とはまさにこのこと。ネイマールのドリブルは「チームの守備」にもなっている。ネイマールがサイドで仕掛け続けることで、相手サイドバックは前に出にくくなり、結果的に相手チームの攻撃力を奪っている。圧倒的なドリブル能力を持った選手は味方チームの守備にも大きく貢献する。

中級編

ちゅうきゅうへん

1対1で勝つ！突破のドリブルテクニック50

たい　か　とっぱ

中級編 No.1

「輪ゴム」の意味を持つ、キングオブテクニック！
エラシコ

1対1

1 スピードに乗ってない
1対1の状況

2 エラシコの体勢に入る瞬間、
体は少し前傾姿勢に

5 ボールを押し出す方向へ
体を向ける

6 右足首を切り返して
押し出したボールを親指内側でタッチ

1対1で勝つ！
突破の
ドリブル
テクニック50

このページは右足でドリブルしています。左利きの人は、左右の足を置き換えてください。

ポイント

▶ポイントは膝をボールよりも前に出すようにしながらアウトで押し出すこと。そうすることでボールを大きく動かすことができ、最後の親指での返しもやりやすくなる。▶体の向きも大事。ボールを押し出す方向へ向けながらやる

エラシコはポルトガル語で「輪ゴム」の意味を持つ。
その名の通りアウトから親指にかけて「輪ゴム」の
ようにボールを動かすテクニックだ。

このQR
コードから
動画を
読み込んで
ください

3 ボールに触る前に
右足の膝をボールの前に出す

4 最初のタッチは中指の
つけ根あたりで

突破

7 ボールの方向を
変えることに成功

8 相手DFの逆をつき突破

と、より相手DFを騙しやすくなる。

**膝から
押し出す!**

33

シザース前の 1タッチが効果抜群!

ドラッグシザース

1対1

1 スピードを落とし
相手DFと向かい合った状況

2 ドラッグシザースの体勢に
入る瞬間はつま先立ちで

5 タッチの強さは軸足（左足）よりも
内側で収まる程度

6 ボールをタッチした後は
右足を着地させずにそのまま
シザースの体勢に入る

1対1で勝つ! 突破のドリブルテクニック50

このページは右足でドリブルしています。左利きの人は、左右の足を置き換えてください。

ポイント

▶やり方はシザースの前に「1タッチ」を加えるだけ。それだけ？ と思うかもしれないが実はこの「1タッチ」がシザースの効果を最大限に高めてくれる。相手DFはボールの動きに敏感だ。少しでもボールが動くとその動きに反応しやすくなる。その習性を逆

ドラッグシザースはTAKUYAが最もオススメしたいフェイントの一つ。簡単で試合でもかなり使いやすいテクニックだ。

このQRコードから動画を読み込んでください

3 そのまままたぐ方の足（右足）を浮かせる

4 右足の親指の内側あたりでボールを引っ掛けるようにして触る

突破

7 右足で素早くまたぐ

8 最後は左足アウトでボールを押し出し突破

最初のタッチが大きくなりすぎないことがポイント

手に取ってシザースを入れることで相手もつられやすくなるのだ。▶ポイントは最初の1タッチが大きくなりすぎないことと、タッチと同時に軸足を軽く浮かせること。動画で詳しく解説しているが、これによって一連の動作をスムーズに行えるようになる。

中級編 No.3 ネイマールの 十八番
ネイマールチョップ

1対1

1 相手DFが斜め前方向から
プレッシャーに来てる状況

2 右足のロールは
足裏前方部で行う

5 ロールしたボールを
左足インサイドでタッチ

6 同時に右足を軽くジャンプさせて
前に抜くことでボールの通り道をつくる

1対1で勝つ！突破のドリブルテクニック50 このページは右足でドリブルしています。左利きの人は、左右の足を置き換えてください。

ポイント

▶ボールの転がし方と、その後の足の使い方が最大のポイント。ロールは強めに行い、転がすスピードを速くすることで相手が食いつきやすくなる。▶ロールした後は、ボールの少し後ろに着地させることでボールが足に当たってしまうミスを

ネイマールが得意とするテクニック。ボールを一度転がし、相手を誘いこんだ上で逆足インサイドで逆をつき突破する。特にサイドで使うのがオススメだ。

このQRコードから動画を読み込んでください

3 強めにボールを転がす

4 ロールした右足はボールの少し後ろに着地

突破

7 ボールを右足(軸足)の後ろに通すことに成功

8 相手の逆をつき突破

ボールの転がし方とその後の足の使い方がポイント

防ぐことができる。▶最後は、インサイドでボールタッチし相手の逆方向へ突破するのだが、この時ロールした足(軸足)を同時にジャンプさせながら足を前に抜くことが大事。そうすることでボールを上手く逆側へ運ぶことができる。

下がダメなら 上をいけ！ シャペウ

1対1

1 右足でボールを内側へ転がし相手DFを誘う

2 すぐにシャペウの体勢

5 ボールの下を右足のつま先でタッチ

6 ボールを上げることに成功

1対1で勝つ！ 突破のドリブルテクニック50

このページは右足でドリブルしています。左利きの人は、左右の足を置き換えてください。

ポイント

▶ポイントはボールをすくい上げるのではなく、弾くこと。膝を曲げたところから、かかとを地面に押し出すようにして膝を一気に伸ばす。この膝を伸ばし切った瞬間にボールの下をつま先で弾くようにタッチするとボールは上

シャペウとはポルトガル語で「帽子」の意味。相手DFに帽子をかぶせてあげるように、その頭上を越すテクニックだ。

このQRコードから動画を読み込んでください

3 右足の膝を軽く曲げ…

4 かかとを地面に押し出し一気に膝を伸ばす

突破

7 相手の頭上を越えたボールに対し素早く反応

8 落下地点にいち早く入り突破

がってくれる。▶ボールを弾いて上げるためには、膝を柔らかく使うことも大事だ。▶シャペウの前に反対方向へ軽くボールを転がし、相手をおびきよせてから行うと、より効果的。

すくい上げるのではなく弾く

39

シザースとダブルタッチの コンボテクニック

シザースダブルタップ

1対1

1 ボールが止まっていて 相手DFと1対1の局面

2 シザースの体勢に移る

5 右足のインサイドで 左足方向に押し出す

6 ボールの軌道と同じ方向に ジャンプ

1対1で勝つ！突破のドリブルテクニック50

このページは左足でドリブルしています。右利きの人は、左右の足を置き換えてください。

ポイント

▶シザースと同時に軸足をジャンプさせることで、ダブルタッチまでの技を高速で繰り出せるぞ!

40

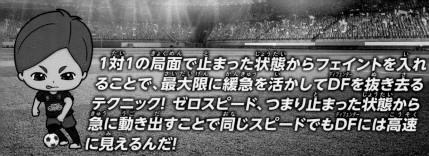

1対1の局面で止まった状態からフェイントを入れることで、最大限に緩急を活かしてDFを抜き去るテクニック！ゼロスピード、つまり止まった状態から急に動き出すことで同じスピードでもDFには高速に見えるんだ！

このQRコードから動画を読み込んでください

3 左足でボールの前をまたぐ

4 同時に軸足（右足）をジャンプさせる

突破

7 左足にきたボールを斜め前に押し出す

8 DFの逆をついて突破

ゼロスピードからの加速を意識しよう

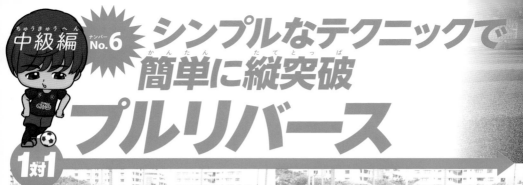

シンプルなテクニックで簡単に縦突破
プルリバース

1対1

1 縦へのドリブルで仕掛ける

2 相手DFが縦へのボールを消しに寄せる

5 ボールを引きながら体の向きを中へ

6 おへそを中に向けることでDFが足を止める

1対1で勝つ！突破のドリブルテクニック50

このページは左足でドリブルしています。右利きの人は、左右の足を置き換えてください。

ポイント

▶縦へのドリブルから足裏でボールをキャッチし、そこからボールを引いて中に体を向ける！この時におへそをしっかりDFに向けることで、相手の動きを一瞬止めるのが大事。そこから足首の捻りだけで再び縦に突破する。

ネイマールやフットサル育ちの選手がよく使う足裏のシンプルなテクニック。縦突破はもちろん、足裏でボールをコントロールできると顔を上げてプレーすることが多くなる。プレーの幅が格段に広がるので持っていて損のないスキルだ！

このQRコードから動画を読み込んでください

3 軸足（右足）をボールの横に踏み込む

4 左の足裏でボールをキャッチ

突破

7 左足のインフロントに引っ掛け弾く

8 再び縦突破に成功

おへその向きが技の成功を決める！

43

中級編 No.7 南米流 "またがない"テクニック! ラ・ボバ

1対1

1 縦方向へ体が向いた状態から

2 ボールを右の足裏で止め…

5 止めた足（右）で そのまま大きく踏み込む

6 すぐに縦方向へ突破の体勢

1対1で勝つ！突破のドリブルテクニック50 このページは右足でドリブルしています。左利きの人は、左右の足を置き換えてください。

ポイント

▶ボールを引き、ボールを止め、大きく踏み込んだ後、最後インサイドで引っ掛け突破するのだが、この時ボールを引っ掛けながらその足がダッシュの1歩目になることがポイント。ダッシュのついでにボールを引っ掛けるようなイメ

ブラジルの選手はまたぐけどアルゼンチンの選手はまたがない。同じ南米でもドリブルに大きな違いが見られる。このテクニックは元アルゼンチン代表のダレッサンドロが得意としていたものだが、同国の選手はこのように足裏とボディフェイクを上手く織り交ぜた技を使うことが多い。このテクニックも最初に足裏で一度ボールを引き、そのまま逆側へボールを運ぶように見せかけ縦に突破するフェイントだ。

このQRコードから動画を読み込んでください

3 そのまま後ろへ
ボールを引く

4 引いたボールを
右足のインサイドで止めた後

突破

7 ヨーイドンでスタートの
ついでにボールを右インサイドで
引っ掛ける

8 ボールをタッチした右足がダッシュの
1歩目になるようにして一気に加速

ージで行うと、相手よりも早く加速することが
できる。

タッチした足をダッシュの1歩目に!

45

シザースの進化形 一拍子シザース

1対1

1 相手DFに向かってドリブルを仕掛ける

2 DFとの距離を詰める

5 内から外にボールをまたぐ

6 ボールをまたぎながら軸足（右足）をジャンプさせる

1対1で勝つ!突破のドリブルテクニック50

このページは左足でドリブルしています。右利きの人は、左右の足を置き換えてください。

ポイント

▶一拍子シザースはボールを内から外に一周またいでそのままアウトサイドで押し出す技。コツとしては、シザースの時の軸足はケンケンするイメージを持つと、またいだ後のタッチがスムーズにできるぞ!

王道フェイントのシザースを進化させた一拍子シザース。このテクニックはクリスティアーノ・ロナウドも得意としていて、通常のシザースに加えこの一拍子シザースを使いこなせれば同じ局面でも技の選択肢が広がるぞ！

このQRコードから動画を読み込んでください

3
仕掛ける間合いにきたら右足をボールの横に踏み込む

4
左足でまたぐ体勢に入る

突破

7
ジャンプさせた右足で大きく踏み込み…

8
シザースの左足は地面に着地させずアウトサイドで外に押し出す

リズムを変えて抜き去れ!!

ダンスのように舞って DFのウラのウラをつけ! ビハインドプルプッシュ

1対1

1 ドリブルで相手DFに仕掛ける

2 左足アウトの斜めのタッチで DFを引きつける

5 左足インサイドでボールを 軸足(右足)の後ろに通す

6 右足の足裏でボールをキャッチ

1対1で勝つ! 突破のドリブルテクニック50

このページは左足でドリブルしています。右利きの人は、左右の足を置き換えてください。

ポイント

▶ビハインドの時はボールを引くと同時に軸足を前にジャンプさせることでボールの通り道を作る。▶プルプッシュではボールを引く時に後ろにジャンプすると動きに深さが出て、DFの足が届かない位置にボールをコントロー

ビハインドターンをフェイクに、さらにプルプッシュでDFの逆をつくテクニック。DFを横に揺さぶる、前後の足の運び（ぜんご あし はこ）が重要だ。

このQR（キューアール）コードから動画（どうが）を読み込んで（よ こ）ください

3 DFが食いついたら（ディフェンダー く）
左足裏（ひだりあしうら）でボールをキャッチ

4 左足（ひだりあし）でボールを引き（ひ）ながら
軸足（右足）（じくあし みぎあし）を前（まえ）にジャンプ

突破（とっぱ）

7 ボールを軸足（左足）（じくあし ひだりあし）の
方向（ほうこう）に引く（ひ）

8 DFを振り切り（ディフェンダー ふ き）
左足（ひだりあし）インサイドで押し出す（お だ）

ルすることができるぞ!

前後（ぜんご）の
足の運び（あし はこ）で
DFを操れ（ディフェンダー あやつ）

滑らかなタッチで風のように抜き去れ
ロールシザースカット
1対1

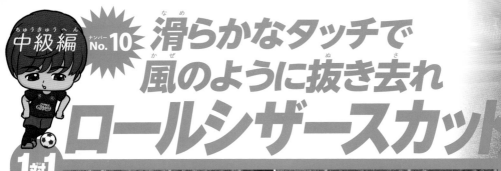

1 相手DFを引きつけるような形で斜めにドリブル

2 軸足（右足）をボールの前に大きく踏み込む

5 ボールの前を内から外にまたぐ

6 ボールにつられてDFが食いつく

1対1で勝つ！突破のドリブルテクニック50

このページは左足でドリブルしています。右利きの人は、左右の足を置き換えてください。

ポイント

▶ロールした足は地面に着地させないままシザースに移ることで動きを止めずにフェイントを繰り出せる。▶最後はインフロントで弾くことで素早くDFの逆をつく。

ロールタッチは足裏でボールをコントロールするテクニックで、これが使えると顔を上げてのドリブルが容易になる！ このロールの流れるタッチにシザースを組み合わせることでより効果的にDFを揺さぶることができるのだ！

このQRコードから動画を読み込んでください

3 左の足裏でボールを
内側に転がす

4 転がした左足を着地させる
ことなくそのままシザースに移る

突破

7 右足のインフロントで
内に弾く

8 素早くボールの方向に
体を切り替えDFの逆をつく

流れるタッチで
DFを翻弄
しよう!!

51

このページでは世界的な名ドリブラーのテクニックを分析しています。ぜひ参考にしてください。

column 2

メッシのドリブル7つの秘密

1 ファーストタッチ

良いプレーは良いファーストタッチから。メッシのファーストタッチは「ゴールに向かう置き方」をしており、さらに「常にアウトで触れる位置」にボールを置きスピードに乗りやすくしている。

2 タッチの強弱の巧みさ

相手の間合いやスペースの広さによって変えられる「タッチの強弱」の使い分け。これがメッシは抜群に上手い。前にスペースがあるなら大きくタッチ、DFとの間合いが近くなったら細かいタッチに切り替える。

3 相手DFを動かす

DFをするする抜ける理由。それはボディフェイントにある。メッシがすごいのはスピードに乗った中で、小さいボディフェイントを細かく入れていること。あれによってDFは左右に動かされ、結果的にメッシに道を作っている。

4 3つのテクニック

メッシは派手なテクニックはあまり見せないが、「ダブルタッチ」、「浮かし技」、「また抜き」のテクニックをよく使う。この3つのテクニックはメッシのドリブルとも相性がいい。自分の得意なテクニック（武器）を2、3個持っておくことはどんなドリブラーにとっても重要である。

5 ドリブルを開始する位置

メッシのドリブルはピッチ上の低い位置から始まることが少なくない。これには「前を向きやすい」「スピードに乗りやすい」「リズムを作れる」というドリブルをする上での3つのメリットがある。まさによく見かけるメッシのドリブルパターンだ。

6 ドリブル以外も完璧

どんなにドリブルが上手くてもゴールを狙えない選手はこわくない。メッシの場合、シュートやパスなど他の技術も高いレベルにある。選択肢が多いドリブラーは相手に迷いを与える。その他のスキルがあってこそドリブルが活きてくるのだ。

7 体の強さ

メッシはボディバランス力も非常に高い。その秘密は、メッシが「動き続けている」ことにある。ボールを動かしたり、足を止めずに動き続ける。これは「暴れる魚」と似ていて、魚は手で捕まえようとすると暴れて手を弾くが、メッシの体の強さもこれと同じだ。南米の小柄な選手はこれを使うのが抜群に上手い。

上級編

（じょうきゅうへん）

1対1で勝つ！突破のドリブルテクニック50

（たい）（か）（とっぱ）

最強のコンボテクニック
ロールシザースチョップ

1対1

1 ドリブルで相手DFに仕掛ける

2 左足のインロールを斜めに
コントロールしてDFを引きつける

5 またいだ左足を一度着地させる

6 すぐに軸足（左足）を前に抜き
右足で内に弾く

1対1で勝つ！
突破の
ドリブル
テクニック50

このページ
は左足でドリブルしています。右利きの
人は、左右の足を置き換えてください。

ポイント

▶ロールでDFを揺さぶり、シザースでタイミングを外し、最後にチョップで逆をつく！ ▶チョップではボールを弾くと同時に軸足を前に抜くことで成功率が格段にUP！

ロール・シザース・チョップの3つを掛け合わせたテクニック。1つ1つは簡単な技だがそれらを組み合わせることで最強のコンボが完成!

このQRコードから動画を読み込んでください

3 DFが食いついたら左足のシザースで内から外にボールをまたぐ

4 シザースと同時に軽くジャンプ

突破

7 寄せたDFの逆をつき

8 体の向きを変え突破

一連の流れをスピーディーに!!

ピンチをチャンスに変える奥義！
マジックリフト

1対1

1 相手DFと向かい合った状態から

2 左足のつま先めがけて右足でボールを強めに引く

5 ボールが浮いた後、体を前傾姿勢にして次の準備

6 浮いたボールを右足アウトサイドでタッチ

1対1で勝つ！突破のドリブルテクニック50

このページは右足でドリブルしています。左利きの人は、左右の足を置き換えてください。

ポイント

▶ポイントはボールの上げ方。まず、足でボールを引く際に、軸足のつま先をめがけて強めにボールを引く。この時、つま先に当たったのとほぼ同時に足を軽くジャンプさせることが大事。そうすることでボールが浮きやすくなる。

相手の頭上を越すテクニック。ネイマールもコーナーフラッグ付近で使っていた足技だ。場合によっては1人のみならず、2人相手でもかわせるし、狭いスペースや囲まれた状況の最後の賭けとしても使える。

このQR コードから動画を読み込んでください

3 左足のつま先に乗せるようにしてタッチ

4 つま先に当たると同時に足を軽くジャンプさせる

突破

7 相手DFの頭上を越すことに成功

8 落下地点にいち早く反応し突破

▶その浮き上がったボールを最後はアウトサイドでタッチし相手の頭上を越してかわしていく。
▶最初にボールを引く前に軽くバックステップしながらやると、ボールがアウトのところに浮きやすくなるため、ぜひここもおさえてほしい。

強めに引いてジャンプ

57

揺さぶって抜く
ファルカンドラッグシザース

1対1

1 左の足裏でボールを止め
ファルカンの体勢

2 すぐさまボールを横方向へ
引きながら右足を内側にまたぐ

5 右足の親指内側で軽く
ボールタッチしながら…

6 地面に右足を着地させずに
そのままシザースの体勢

1対1で勝つ！
突破の
ドリブル
テクニック50

このページは右足でドリブルしています。左利きの人は、左右の足を置き換えてください。

ポイント

▶ファルカンのポイントは、足裏でボールを横に向かって引くと同時に、逆足をジャンプさせながら内側にまたぐこと。ジャンプさせた足は地面に着地させずに、引いたボールを足裏でそのままキャッチする。最後はもう一度、最初

ドラッグシザースの前にファルカンというテクニックをプラスするコンボ技。止まった状態の1対1など、駆け引きにひと工夫ほしい時にオススメ。

このQR
コードから
動画を
読み込んで
ください

3 ボールをまたいだらそのまま
右の足裏でボールをキャッチ
（ファルカン）

4 すぐに左足へ
ボールを移動させ…

突破

7 ボールをまたぐことに成功
（ドラッグシザース）

8 最後は左足アウトサイドで
押し出し突破

の足にボールを移動させてそのままドラッグシザースで突破する。この一連の動作をスピーディーに行うことが大事だ。

一連の
流れを
高速で

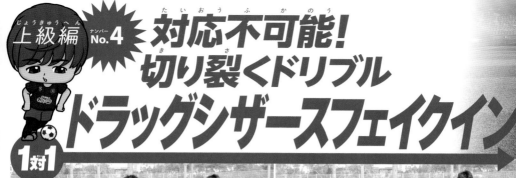

対応不可能！切り裂くドリブル

ドラッグシザースフェイクイン

1対1

1 右足で踏み込みながら左足でボールを引っ掛ける

2 移動と同時に左足でボールを引っ張る

5 すぐに左足で外から内にボールをまたぐ

6 そのまま左足で内にカット

1対1で勝つ！突破のドリブルテクニック50

このページは左足でドリブルしています。右利きの人は、左右の足を置き換えてください。

ポイント

▶ドラッグシザースからカットまでは（写真3〜4）ゆったりと！ そこから一気にギアを上げ、インまたぎからカットを素早く！ ▶DFとの間合いを上手くコントロールするには、タッチの際にボールを斜め前に動かすことが最も重要だ！

技が決まれば相手DFは対応不可能な超絶テクニック。ポイントはスピードの変化と幅の使い方だ。

このQR
コードから
動画を
読み込んで
ください

3 左足で内から外に
ボールをまたぐ（ドラッグシザース）

4 右足でボールをカット

突破

7 相手DFの逆をつくことに成功

8 ボールの方向に走り、突破

緩急で
DFを翻弄
しよう!!

▶ドラッグシザースのポイントは親指にボールを引っ掛けること。そのままボールを引っ張りながらジャンプして内から外にまたぐと上手くいくぞ!

61

ロナウジーニョが極めたテクニック

ホーカスポーカス（ラボーナエラシコ）

1対1

1 相手DFの正面に向かい合わず斜めの位置

2 右足で斜め前に踏み込む

5 ボールの動きに合わせて足をクロス

6 左足が伸びきる瞬間、インステップで弾く

1対1で勝つ！突破のドリブルテクニック50

このページは左足でドリブルしています。右利きの人は、左右の足を置き換えてください。

ポイント

▶ホーカスポーカスでのミスの原因は、ほとんどがツータッチ目が遅れてボールに触れないことにある。この問題を一発で解決するのが軸足の置き方だ。軸足を真っ直ぐ前に置いてしまうとその分、ファーストタッチで角度が必

ラボーナの蹴り方でエラシコを行う超絶テクニック。現役時代のロナウジーニョが得意としていた技の一つで、極めれば相手を軽々とかわせる。

このQRコードから動画を読み込んでください

3 軸足（右足）の後ろに通り道を作る

4 左足のインサイドで押し出す

突破

7 弾いた左足で踏み込む

8 ボールの方向に抜け出し突破

軸足の位置で全てが決まる!

要になるため、インサイドのタッチが大きくなってしまう。あらかじめ軸足をボールの斜め前に置くことで角度が生まれ、簡単にボールの通り道を作ることができる!

上級編 No.6

またぎ技で踊りまくれ! CR7シザースダンス

1対1

1 スピードに乗ったドリブルで相手DFに向かう

2 右シザース(1回目またぎ)

5 すぐに体勢を整え…

6 右シザース(4回目またぎ)

1対1で勝つ! 突破のドリブルテクニック50

このページは右足でドリブルしています。左利きの人は、左右の足を置き換えてください。

ポイント

▶今回はロナウドが実際に見せたまたぎ順でやっているが、またぎ順にこだわりを持つ必要はない。大切なのは、スピードに乗ったドリブルの中で、シザース(内から外へのまたぎ)と、ステップオーバー(外から内へのまたぎ)を連続してもバランスをくずさないこと。そのためにはとにかく

クリスティアーノ・ロナウドがマンU時代に見せたまたぎフェイントの連続技。これをスピードに乗ったドリブルから行えるかがこの技のポイントだ。

このQR コードから動画を読み込んでください

3 左ステップオーバー
（2回目またぎ）

4 右ステップオーバー
（3回目またぎ）

突破

7 左シザース（5回目またぎ）

8 全部またぎ終わったら
すぐに右足アウトで押し出し突破

練習でまたぎまくって感覚を掴む。まずは止まったボールを足にかからないように複数回またぐことから始め、できるようになったらドリブルをしながら同じようにやってみる。繰り返すが、これに関してはコツを掴むよりも、とにかくまたぎまくって感覚を掴むことが重要。

何度もまたぎまくって感覚を掴む

65

南米仕込みの股抜きテクニック
マジックパナ

1対1

1 相手DFに仕掛けるドリブル

2 左足アウトで外にコントロール

5 右足を大きく前に踏み込む

6 軸足（右足）後ろの左足インサイドでボールを弾く

1対1で勝つ！突破のドリブルテクニック50

このページは左足でドリブルしています。右利きの人は、左右の足を置き換えてください。

ポイント

▶まずは、DFに仕掛けるドリブルから縦へのドリブルに切り替えDFを引きつける。そこから足裏でボールを一度止めることで相手ＤＦの動きも一瞬止める。次の瞬間、大きな踏み込みを入れることによって動きにリアリティー

66

南米の選手が得意な股抜きのテクニック。1対1の状況でドリブルを仕掛けると、相手DFが反応して股を開くので、その間からボールを通せるぞ。

このQRコードから動画を読み込んでください

3 左の足裏でボールをキャッチ

4 ボールを止め横に着地

突破

7 DFの股の間にボールを通す

8 DFの裏に抜け出し突破

大きな踏み込みで矢印を見せろ!!

が出てDFはそれに対応しようとつられる。その隙を逃さずインサイドで弾いて股抜きを狙う!! ▶インサイドで弾いた足がそのまま突破の1歩目になるように意識するとDFの対応を待たずに抜き去ることができるぞ!

67

上級編 No.8 3回目のタッチに魔法をかけろ! トリプルマジックタッチ

1対1

1 相手DFに向かってドリブル

2 右インでタッチ

5 右インでタッチ

6 左足（軸足）はジャンプさせながら前に抜く

1対1で勝つ! 突破のドリブルテクニック50

このページは右足でドリブルしています。左利きの人は、左右の足を置き換えてください。

ポイント

▶2回のタッチはシンプルに両足のインサイドを使って行う。ただし、ここを素早く行うことが重要。ボールを素早く動かして相手を引きつける。▶そして最後のタッチに魔法をかける。3回目のタッチもインサイドで行うわけだ

ディバラが試合で見せたテクニック。アルゼンチンの選手はまたがないことで有名とは45ページで書いたが、このテクニックもまさにタッチの工夫だけで相手のタイミングをずらす技だ。

このQR^{キューアール}コードから動画を読み込んでください

3 すぐに左インでタッチ

4 2回目のタッチの後、左足を軽くジャンプさせる

突破

7 左足（軸足）の後ろにボールを通すことに成功

8 逆をつき突破

2タッチで揺さぶり3タッチ目で逆をつく

が、3回目のタッチと同時に軸足を前に抜き、軸足の後ろからボールを通す。軸足を前に抜くことでブラインドになり相手DFの視界から一瞬ボールが消える。その隙を上手く利用して突破する。

上級編 No.9 後ろ向きでかわす至高のテクニック ソニックターン

1対1

1 相手DFを背負ってボールを持った状態

2 右足をボールのすぐ横に置く

5 ボールタッチしながら体も反転

6 前を向いた瞬間すぐさま右足で2回目のタッチ

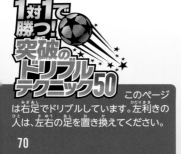

1対1で勝つ！突破のドリブルテクニック50

このページは右足でドリブルしています。左利きの人は、左右の足を置き換えてください。

ポイント

▶まず、タッチする方の足をボールのすぐ横に置く。次の動作ですぐにボールを触れるようにするためだ。続けて、逆足を前に移動させながら、着地と同時に蹴り足の親指でボールを触る。この時、次のタッチがしやすくなるように小さめにタッチするのが大事だ。▶最初

70

普通、相手を背負ったらボールキープに入ると相手DF^{ディフェンダー}は考えるが、このテクニックは違う。相手DFが警戒していないことを逆手に取り素早く反転し突破する。ポイントはスタート時の軸足の置き所と、タッチの強さ、そして反転だ。

3 左足をまたぐようにして前に踏み込む

4 ほぼ同時に右足の親指でボールタッチ

突破

7 相手DFの横からボールを通すことに成功

8 自分はボールと反対側を走り突破

のボールタッチと同時に体を前に向けるようにして反転し、2回目のタッチを行う。相手の横から上手くボールを通せたら自分はその反対側を走り、相手を置き去りにする。▶後ろ向きになっている時は基本、相手DFもボールを奪いにいきやすく、油断が生じやすい。

小さくタッチして体を反転

ネイマールの得意技といえばこれ！
サンドリフト

1対1

1 ドリブルで仕掛ける

2 相手DFが寄せてきたら左足裏でボールを止める

5 落ちないように両足でキャッチ

6 腰をひねりながらお尻の高さで離す

1対1で勝つ！突破のドリブルテクニック50

このページは左足でドリブルしています。右利きの人は、左右の足を置き換えてください。

ポイント

▶ポイントはボールの挟み方。軸足はくるぶしとかかとの間で、逆足は母趾球から後ろの柔らかいアーチ部分で挟み上げよう！ ▶ボールを挟んだ後は、腰をひねりながら持ち上げるイメージを持ち、離す時はボールの高さがお尻

サイドの高い位置や複数人に囲まれた時に最大限の効果を発揮するテクニック。両足のインサイドでボールを挟み上げ相手DFの頭上を越えて背後を狙う、ネイマールの得意技だ。

このQRコードから動画を読み込んでください

3 両足着地で踏み込む

4 ジャンプと同時にボールを挟む

突破

7 ボールの軌道に合わせて走り出す

8 DFの頭上を越え抜き去る

の位置にきたタイミングを狙え！▶ボールの軌道は上半身の角度でコントロールできるぞ！

ボールの挟み方が大事だぞ

久保建英の ドリブル5つの 秘密

1 細かいタッチ＆細かいステップ

久保選手のドリブルの時のボールタッチはとにかく細かい。細かいタッチの最大のメリットは、「ボールが体から離れないこと」。それだけでもボールを失うリスクが格段に減る。そして細かいタッチを可能にしているのが「細かいステップ」だ。1タッチするごとに両足で1歩ずつ歩幅の短いステップをしている。

2 相手の足を見る

相手が飛び込んでくるのを分かっていたかのように、シンプルなタッチでボールを横にずらしてかわす。そんな久保選手のドリブルシーンをよく見かける。その時に久保選手は必ず相手の足をよく見ている。相手の足を見るには当然ドリブルをしながら顔をあげる必要がある。

3 足裏ロール

久保選手は足裏でボールを横に転がして運ぶ「足裏ロール」をよく使う。足裏ロールの最大のメリットは、相手DFの足から遠い「懐の深い位置」にボールを置けること。そして面積が広い足裏を使うことで、狭いスペースでのボールコントロールを正確にしている。

4 ボールの置き所

「常にアウトで触れる位置」にボールを置いていることも秘密の一つ。この位置に置いておくと、スピードも上げやすく、カットインもしやすい。そのままノーモーションで、アウトでパスを出すことも可能だ。アウトを上手く使える選手はドリブルから次のアクションへのバリエーションも増える。

5 2種のターン

自分の体でボールを隠すようにターンをする「ハイドターン」。一瞬の動作で方向転換できる「クライフターン」。久保選手はこの2つのターンが抜群に上手い。ドリブルもキックも精度が高いからこそこの2つのターンがより活きてくる。自分の特徴に合わせたテクニック（武器）を持っておくことが大切だということを象徴している。

カミワザ
TAKUYA編

1対1で勝つ！
突破の
ドリブル
テクニック50

ロナウジーニョの神業!!
空中エラシコ

1対1

1 右の足裏を使って
ボールを止める

2 軸足(左足)の横にボールを置き
右の足裏で転がす体勢

5 ボールを転がした方の右足は
そのまま振り切る

6 浮き上がったボールを
右足アウトで外側にタッチ

1対1で勝つ!
突破のドリブルテクニック50

このページは右足でドリブルしています。左利きの人は、左右の足を置き換えてください。

ポイント

▶ポイントはボールの浮かせ方。ボールを軸足の真横に置いたところから、足裏を使ってボールを転がし、軸足のくるぶし下付近に当てる。この時、注意してほしいのはボールを転がした足は止めずにそのまま振り切ること。そうすることで次のエラシコの動作がや

ロナウジーニョがフットサルの試合で見せた異次元テクニック。その名の通り、彼の代名詞ともいえるエラシコを空中で行う神業だ。

このQRコードから動画を読み込んでください

3 右の足裏で軸足（左足）のくるぶしに向けてボールを強めに転がす

4 ボールは軸足（左足）のくるぶし下付近にヒット

突破

7 ギリギリまで右足を伸ばし今度はインサイドで内側にタッチ

8 相手の意表をつくことに成功、突破

ボールの浮かせ方に注意しよう

りやすくなる。▶最後は浮き上がったボールをアウト、インと連続した2回のタッチで相手DFの意表をつき突破する。かなり派手な技だが、ロナウジーニョが実際に試合の中で使っていた技であることから、練習して身につければ実戦でも活かせるかもしれない。

カミワザ TAKUYA編

No.2 タッチライン際で DF を欺く

ボラシーフリック

1対1

1 タッチラインに向かうボールを追ってる状況

2 すぐ後ろには相手DFのプレッシャー

5 左足のつま先をボールの方へ向けて着地

6 右足で左足のつま先をめがけてボールを引く

1対1で勝つ！突破のドリブルテクニック50

このページは右足でドリブルしています。左利きの人は、左右の足を置き換えてください。

ポイント

▶ボラシーフリックの一番のポイントは足裏でボールを止めた後の、足を着地させる位置。ここでつま先をボールの方に向けて置くことで、次のシーンでつま先でボールを浮かせやすくする（写真3〜5。詳しくは動画で解説）。

驚異的なドリブルが武器のヤニック・ボラシーがタッチライン際で見せたテクニック。普通タッチラインに向かっている選手に対して相手DFはプレッシャーをかけやすくなる。しかし、ボラシーはそこを上手く逆手に取り、タッチライン際で足裏でターンをした後、すぐにボールを浮かせて相手DFのプレッシャーをかわした。まさに神業。相手DFもあの瞬間は何が起こったか分からなかっただろう。

3 ボールを左の足裏で止めながら体を反転させる

4 この瞬間、相手DFはターン際を狙ってボールを奪いにくる

突破

7 ボールを浮かせることに成功

8 DFの隙をついて縦に突破

タッチラインを味方にする！

79

No.3 最新型シャペウ
ソンブレロフリック

1対1

1 背後から相手DFが来ている状況

2 右足のつま先をボールの真下に置く

5 浮き上がったボールに対して右足の膝を一気に伸ばして再度つま先にボールを引っ掛ける

6 ボールを高く上げることに成功

1対1で勝つ! 突破のドリブルテクニック50

このページは右足でドリブルしています。左利きの人は、左右の足を置き換えてください。

ポイント

▶ポイントはボールを上げる方の足ではなく、逆足を上手く使うこと。実はこれかなり重要。逆足を上げたところから地面に振り下ろす瞬間に、その反動を使って蹴り足を上げる。ボールはついでに引っ掛けるイメージだ (写真3〜

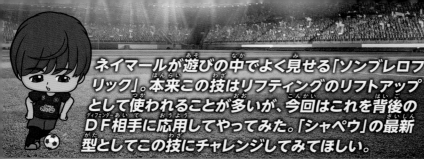

このQRコードから動画を読み込んでください

ネイマールが遊びの中でよく見せる「ソンブレロフリック」。本来この技はリフティングのリフトアップとして使われることが多いが、今回はこれを背後のDF相手に応用してやってみた。「シャペウ」の最新型としてこの技にチャレンジしてみてほしい。

3 左足を先に上げて…

4 地面に振り下ろすと同時に右足を持ち上げつま先にボールを引っ掛ける

突破

7 体を反転させ落下地点に素早く反応

8 相手の頭上を越して突破

4。詳しくは動画で解説）。▶最初のつま先の置き位置を、ボールの真下に持ってくることでボールが浮きやすくなる。

予想外の動きにDFは驚くぞ

81

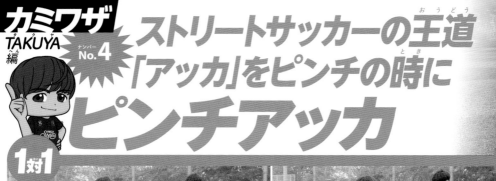

カミワザ TAKUYA編

No.4

ストリートサッカーの王道
「アッカ」をピンチの時に
ピンチアッカ

1対1

1 止まった状態の1対1

2 軽くジャンプしながら
ボールの真横に両足を着地

5 膝を曲げて一番高いところに
ボールを持っていく

6 そのままボールを足から離し…

1対1で勝つ！突破のドリブルテクニック50

このページは右足でドリブルしています。左利きの人は、左右の足を置き換えてください。

ポイント

▶ボールを両足でがっつり挟んだところから、そのまま横にジャンプする。この時、ボールをしっかり挟んでないと足から離れてしまうので注意しよう。▶ボールを高く持ち上げたら足から離し、インサイド付近で相手の背後にボー

82

基本的にストリートサッカーとサッカーは全く別の競技だ。しかし、同じフットボール業界として、ストリートサッカーの華麗な足技を使える場面はサッカーにもあるはず。もちろん状況にもよるが、こういった遊び心あふれるテクニックはできないよりもできた方が絶対にいい。今回のアッカもそういう想いでサッカーに応用してみる。ピンチの時の奥義として。

このQRコードから動画を読み込んでください

3 そのまま両足でボールをしっかり挟み…

4 右横にジャンプしながら持ち上げる

突破

7 右足インサイド付近でボールタッチ

8 相手DFの背後にボールを落とすことに成功、突破

ルを落とすようにタッチする。

ボールをしっかり挟む!

83

カミワザ
TAKUYA 編

ナンバー No.5

音速のスピードで
2回またぐ
ソニックシザース

1対1

1 相手DFに向かっていく
ドリブルから…

2 右足でボールを斜め前にロール

5 左足を内側にまたぎ…

6 またいだ左足は着地させずに
そのまま次のタッチの準備へ

1対1で勝つ！突破のドリブルテクニック50

このページは右足でドリブルしています。左利きの人は、左右の足を置き換えてください。

ポイント

▶最初のロールの部分が一番大事なポイント。ロールした足をボールの前に着地させ、ロールとシザースを同時に行う。▶ロールした足を着地させた瞬間、逆足を内側にまたぎ（シザース）、そのまま着地させずにインサイドにボール

84

このテクニックも一見すると派手なようだが、カミワザ編の中ではかなり実用性の高い技。サイドの1対1などで、一瞬で勝負を決められるテクニックだ。

このQRコードから動画を読み込んでください

3 ロールした右足はボールの前に着地させロールとシザースを同時に行うようにする

4 すぐさま左足もまたぎの準備

突破

7 左足インサイドで引っ掛ける

8 相手の逆をつくことに成功

を引っ掛け相手の逆をつく。この一連の流れを高速で行うのが大事だ。

ロールとシザースを同時に

カミワザ
TAKUYA編

ナンバー No.6

「シャペウ」の前に
一つ技を加える効果

マジックシャペウ

1対1

1 相手DF(ディフェンダー)をブロックしてる
状況から…

2 腕を使って相手を遠ざけ、
左足アウトのタッチでさらに距離を取る

5 今度は右足で軸足(左足)の親指
に当てるようにボールを転がし…

6 浮き上がったボールを
右インステップでタッチ

1対1で勝つ!突破のドリブルテクニック50

このページ
は右足でドリブルしています。左利きの
人は、左右の足を置き換えてください。

ポイント

▶この技に入る前に、腕を使って相手を遠ざ
けてから仕掛けることも一つのポイント。▶軸
足の親指にボールを当てる時は、軸足を少し
外側に傾けることでボールが浮きやすくなる。
▶最後は浮き上がったボールを柔らかいイン

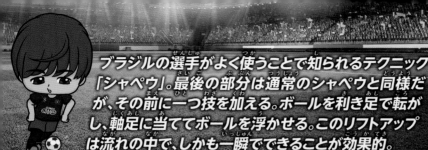

このQRコードから動画を読み込んでください

ブラジルの選手がよく使うことで知られるテクニック「シャペウ」。最後の部分は通常のシャペウと同様だが、その前に一つ技を加える。ボールを利き足で転がし、軸足に当ててボールを浮かせる。このリフトアップは流れの中で、しかも一瞬でできることが効果的。

3 左の足裏でボールを止め…

4 そのままボールの前に左足を着地させる

突破

7 素早く反転

8 相手の頭上を越し突破に成功

ステップのタッチで相手の頭上を越して突破する。この時タッチが小さすぎたり、大きくなりすぎたりしないように力加減にも注意しよう。

リフトアップを一瞬で行おう

カミワザ
TAKUYA編 No.7

一瞬、何が起きたか分からなくなる神業
ラボーナフェイクソール

1対1

1 相手DFと向かい合った状況

2 右足でボールを縦方向へロール

5 右インステップでボールをストップ

6 間髪をいれずに体の向きを後ろ方向に変えながら右の足裏にボールを持ち替える

1対1で勝つ！突破のドリブルテクニック50

このページは右足でドリブルしています。左利きの人は、左右の足を置き換えてください。

ポイント

▶縦方向へロールをしながら逆足でまたぎ、そのまま軸足の後ろでインステップでボールを止める。ここでさらに流れを止めることなく、体の向きを後ろ方向に変えながら足裏に持ち替えることが最大のポイント（写真2〜6）。

ロールと足裏を使いつつ、ラボーナもフェイクに入れるテクニック。相手DFからすると、戻ると見せかけて縦に行かれるので、一瞬何が起きたか分からなくなる神業だ。

このQRコードから動画を読み込んでください

3 すぐに左足で内側にまたぐ体勢

4 左足で内側にまたぎ、今度は右足でボールを止める準備

突破

7 すぐに右の足裏でボールを流し、縦方向へ転がす

8 相手の逆をつき突破に成功

詳しくは動画で解説）。▶後ろの方へ体を向けた瞬間、相手の足は止まるので、それを逃さず足裏でボールを後ろに流し、もう一度縦に向かう。この一連の動作を、流れを止めることなく完璧に行うのが大事だ。

戻ると見せかけ縦に行く!

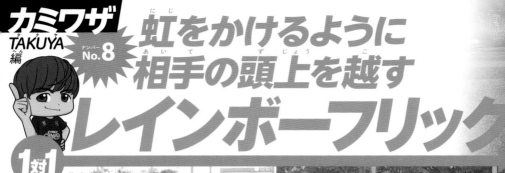

カミワザ TAKUYA編

No.8

虹をかけるように相手の頭上を越す

レインボーフリック

1対1

1 相手DFとの間合いが十分にある1対1の状況

2 ボールを軸足（左足）に向かって右足で転がす

5 ボールを浮かせることに成功

6 浮いたボールを右足アウトでタッチ

1対1で勝つ！突破のドリブルテクニック50

このページは右足でドリブルしています。左利きの人は、左右の足を置き換えてください。

ポイント

▶リフトアップ＝ボールを浮かせることが一番のポイント。ボールを軸足の親指付近に当てて浮かせるわけだが、この当たった瞬間に足首を軽く外側に傾けながら、一緒に足を少し持ち上げることが大事。▶最後は浮き上がっ

使う状況は限られるが、遊び心あるテクニックとして持っておくと面白い技。ヒールリフトと少し似ているが、それよりもドリブルの流れからやりやすいのがこのテクニックの特徴。

このQRコードから動画を読み込んでください

3 この時ボールを当てる位置は左足の親指付近

4 当たったと同時に軸足(左足)を少し持ち上げる

突破

7 相手の頭上を越す

8 相手と入れ替わり突破

たボールをアウトのタッチで絶妙な位置にコントロールし、突破しよう。

リフトアップで勝負が決まる

カミワザ TAKUYA編

No.9 予想外のリズム
ニーロケット

1対1

1 縦にドリブルしている状況

2 ボールを右の足裏で止める

5 ボールが膝の高さに来た瞬間

6 そのまま右膝を突き出しボールタッチ

このページは右足でドリブルしています。左利きの人は、左右の足を置き換えてください。

ポイント

▶この技のポイントは予想していないタイミングでボールが飛び出すこと。普通、膝を使ってタッチすることはなかなかないので、それを上手く利用する。▶リフトアップのところでボールを浮かせすぎると膝に当てられないので、浮

92

今回紹介するテクニックの中でも最も**ユニーク**な**足技**。**縦**への**ドリブル**から一度**ボール**を止め、ボールを浮かせたと思った瞬間に膝を使ったボールタッチで一気に縦に突破する。

このQR
コードから
動画を
読み込んで
ください

3 相手DFもつられて
一瞬足を止める

4 そのままボールを引き、左足の
つま先に当たった瞬間、左足をジャンプ
させながらボールを持ち上げる

突破

7 ボールは前方のスペースへ

8 相手の意表をつき縦に突破

かせる高さは当てやすい位置に調整しよう。

**膝を使って
ボールを
押し出す**

カミワザ
TAKUYA編

No.10

チョップとラボーナの
コンビネーション
チョップラボーナエグジット

1対1

1 相手DFに向かってドリブル

2 軸足（左足）を軽くジャンプさせ
右足でチョップの体勢

5 すぐさま今度は
右足のラボーナの体勢

6 ラボーナのタッチで
ボールを引っ掛ける

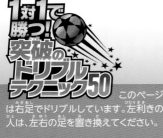

1対1で勝つ！
突破の
ドリブル
テクニック50

このページは右足でドリブルしています。左利きの人は、左右の足を置き換えてください。

ポイント

▶ここでポイントになってくるのは通常のチョップとは違い、小さめにタッチすること。ここが大きくなってしまうと次のラボーナのタッチに上手くつなげられなくなる。▶そして最後のラボーナのところにも隠れたコツがある。ラボ

94

クリスティアーノ・ロナウドがよく使う、チョップに
ラボーナを組み合わせたコンボスキル。チョップで
相手を揺さぶり、ラボーナで「出口」へ向かえ!

このQR
コードから
動画を
読み込んで
ください

3 右足インサイドタッチ
（チョップ）

4 軸足（左足）を前に持ってきて
ボールを通す

突破

7 左足はまたぐように
しながらボールを通す

8 相手の逆をつき突破

ーナでタッチをした瞬間に逆足を軽くジャン
プさせながらボールをまたぐようにして足を
前に持ってくる。そうすることでしっかりと「出
口」を作り、ボールを逆方向へ押し出しながら
自分もいち早くボールを追うことができる。

**チョップは
小さめに!**

サッカーしよ！

Why so serious? Just have fun!

REGATE（レガテ）ドリブル塾（じゅく）
YouTube校（こう）

FOOTBALL SKILLS CHANNEL

REGATE（レガテ）ドリブル塾（じゅく）
公式（こうしき）ホームページ

スクール（沖縄校（おきなわこう）・大阪校（おおさかこう））

ブログ　グッズ　...etc

https://regate.okinawa/

TAKUYA（タクヤ）

 Instagram インスタグラム
@regate_takuya

 TikTok ティックトック
@regate_takuya

しょうちゃん

 Instagram インスタグラム
@regate_shochan

 TikTok ティックトック
@regate_shochan

カミワザ
しょうちゃん編

1対1で勝つ！突破のドリブルテクニック50

静止状態から地面の反発で上を抜く
スマッシュバウンス

1対1

1 止まった状態の1対1を作る

2 左の足裏でボールをキャッチ

5 浮いてくるボールよりも先に左足を高く上げる

6 落ちるボールにタイミングを合わせながら叩きつける

1対1で勝つ！突破のドリブルテクニック50

このページは左足でドリブルしています。右利きの人は、左右の足を置き換えてください。

ポイント

▶ボールを浮かせる時は引いたボールの勢いを利用し、つま先に引っ掛けるようにして軸足より後ろで上げよう！ ▶浮いたボールを叩きつける時は前傾姿勢を取りながら前に進み出すイメージでやると、ボールの軌道は前に

1対1の止まった状態からボールを地面に叩きつけ、相手DFの上を越えていくテクニック。使える状況としては、ボールが足元で止まっていてなおかつ前（DFの背後）にスペースがある時に効果的な技だ！

このQRコードから動画を読み込んでください

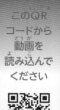

3 ボールを軸足（右足）よりも後ろに引く

4 軸足（右足）をジャンプさせ、左足のつま先に引っ掛けボールを上げる

突破

7 叩きつけた方の左足はそのまま前に抜く

8 DFの背後を取りながら素早くボールの落下地点に入る

飛んでいくぞ!!

ピンポン玉のように弾き飛ばせ!!

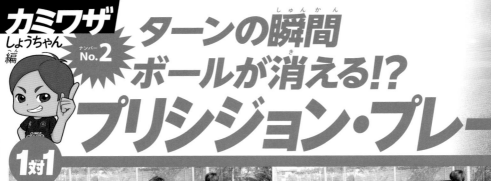

No.2
ナンバー

ターンの瞬間 ボールが消える!? プリシジョン・プレー

1対1

1 ボールを追い越す体勢

2 左足で外から内にボールをまたぎながら踏み出す

5 軸足(左足)の前までボールが来たら、右の足裏でキャッチ

6 ボールを後ろに引きながら体を反転

1対1で勝つ!突破のドリブルテクニック50

このページは左足でドリブルしています。右利きの人は、左右の足を置き換えてください。

ポイント

▶最初のボールを追い越す動きを大きくするのがこのテクニックの肝で、前に踏み出せばその分ボールの動きもダイナミックになる。足裏キャッチの際、正確に行える時間も作ることができるぞ!! ▶まずは、ラボーナとルーレット

100

前後の揺さぶりで相手DFのタイミングを外し、ターンでボールを隠しながら突破するテクニック。一見難しそうだが、ラボーナとルーレットを組み合わせた技で、ポイントをしっかり押さえることができれば誰でも可能なテクニックだ！

3 左足で踏み出しながら後ろ足（右足）でボールを押し出す

4 転がるボールよりも先に後ろ足（右足）を前に移動

突破

7 相手DFに背を向け左足でキャッチ

8 再びボールを後ろに引きながら体を反転させ突破

のふたつに動きを分けて練習すると成功への道がひらけるぞ!!

想像を超えた動きでDFを翻弄しよう

食いついたら最後！
一瞬で前を向ける!!
ロールフェイクターン

No.3

1対1

1 相手DFに背を向けた状態

2 左の足裏で内に転がす

5 転がるボールを右足で内から外にまたぐ

6 体を反転させながら左足裏でキャッチ

1対1で勝つ！
突破の
ドリブル
テクニック50

このページは左足でドリブルしています。右利きの人は、左右の足を置き換えてください。

ポイント

▶インロールを軸足付近で止め、素早く戻しながらターン。このボールの動きが大きいほどDFを食いつかせることができるぞ！ ▶最も重要なのがこの後だ！ 戻したボールをまたぎながら足裏でキャッチ、さらに体の向きを変え

タッチライン付近で相手DFに背を向けた状態で使えるテクニック。ボールの左右への動きでDFを揺さぶりターンするワザだ!

このQRコードから動画を読み込んでください

3 軸足(右足)付近まで来たら左足で止める

4 再びボールを戻す

突破

7 素早くボールを引きながら体の向きも変える

8 DFの逆をつきターン成功!!

ボールの動きで逆をつけ!

つつボールを逆方向に押し出すことで一気にDFとの距離を取ることができるんだ! これでもうDFを背にしても怖いもんなしだ!!

カミワザ
しょうちゃん編

No.4

ボールを隠す
浮かせ技

バックリフト

1対1

1 左の足裏でボールをキャッチ

2 ボールを後ろに引く

5 前傾姿勢を取りながら
右足のかかとでボールを弾く

6 左足を着地させ
次の1歩目の準備

1対1で勝つ！突破のドリブルテクニック50

このページは左足でドリブルしています。右利きの人は、左右の足を置き換えてください。

ポイント

▶写真3〜4の時、すぐに軸足も浮かせた足を追いかけるようにジャンプすることで、ボールとヒールのタイミングが合わせやすくなるぞ！ ▶ボールを前に飛ばすコツは前傾姿勢を取ることだ!! そうすることでボールに当たる

相手DFからボールを隠し、頭上を越えて背後を取るテクニック。引いたボールの勢いを活かし、つま先に引っ掛けお尻めがけて浮かせるイメージでやってみよう!

このQRコードから動画を読み込んでください

3 軸足(右足)後ろで左足のつま先にボールを引っ掛け上げる

4 浮かせた左足を追いかけるようにジャンプ

突破

7 ボールの軌道を確認しながらDFの背後を狙う

8 DFがボールを見失っている隙に突破

角度を変え、前に飛ぶようにコントロールできるぞ!!

前傾姿勢で角度を変えろ!!

105

踊るようにDFをかわす
シャル・ウィ・ダンス

1対1

1 左足のインロールから軸足（右足）前で一度止める

2 斜め前に転がし右足のシザースの体勢に入る

5 左足でボールの上を滑らせるように内に転がす

6 右足インサイドで押し出す

1対1で勝つ！突破のドリブルテクニック50

このページは左足でドリブルしています。右利きの人は、左右の足を置き換えてください。

ポイント

▶転がるボールを連続シザースするためには軸足のケンケンがポイントだ！ ▶そして最も注意しなければならないのが、軸足ジャンプからボールの上を滑るような動きだ!! この時にボールに体重を乗せすぎると転んでしまうので、

複雑なステップでまるでダンスを踊っているかのように相手DFも見入ってしまうテクニック。インロールや連続シザースなど軸足を上手く使いこなせるかが鍵となる!

このQRコードから動画を読み込んでください

3 またいだ右足は地面に着けることなく2度目のシザースの体勢に入る

4 軸足（左足）をジャンプさせながら前に進み2度目のシザース

突破

7 左の足裏でキャッチし

8 ボールを引いて右足アウトで突破

乗せずに滑らせるイメージで。▶足首の柔らかさも成功に必要なポイントになるので、日頃のストレッチも大切だぞ!!

軸足の動きで技の完成度が決まる!!

107

瞬間移動！
これが突破のターン！！
マジックターン

1対1

1 縦ドリブルで仕掛ける

2 ボールよりも前に左足を踏み出す

5 体を反転させながら左足のアウトターンの体勢に入る

6 着地の前に左のアウトタッチでボールを弾く

1対1で勝つ！突破のドリブルテクニック50

このページは左足でドリブルしています。右利きの人は、左右の足を置き換えてください。

ポイント

▶アウトターンでは着地前にボールにタッチすることで一気に加速し、瞬間移動を作り出せるぞ!!（写真5〜8。詳しくは動画で解説）

縦へのドリブルからステップオーバーでタメ（時間）を作り、後ろへ下がる素振りから一気にターンで縦に抜けるテクニック。ステップオーバーは大きくまたぐことで転がるボールの時間を作り、体の向きを変えながらのインロールでDFを揺さぶり、足首のひねりを使ったアウトのターンで再び縦突破を狙う!!

このQRコードから動画を読み込んでください

3 体の向きを変え
相手DFに向かい合う

4 右の足裏でインロール

突破

7 DFは後ろに食いつく

8 体を前に向けて縦突破

足首のひねりで時間を操れ!!

スピードタイプの選手には無敵のスキル
クロスアップカット

1対1

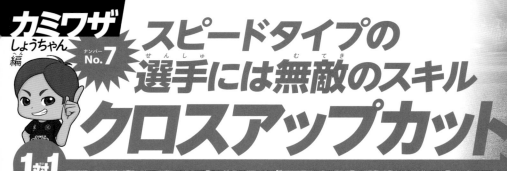

1 相手DFと向かい合った1対1の局面

2 右の足裏で軸足（左足）方向に引く

5 右足は膝のクッションを使って着地

6 落ちてくるボールにタイミングを合わせる

1対1で勝つ！突破のドリブルテクニック50

このページは左足でドリブルしています。右利きの人は、左右の足を置き換えてください。

ポイント

▶止まった状態からボールを浮かし、クロスステップから弾いて突破するこのテクニック。ボールを上げる際、軸足も一緒にジャンプすることで高く上げることができるぞ！ ▶クロスステップで足を入れ替え、そのまま地面に着地さ

縦にスペースがありスピードに自信のある選手が使えば無敵なスキルだ！仮にスピードに自信がなくても、タッチの強弱をコントロールできれば効果的に使えるぞ！

このQRコードから動画を読み込んでください

3 左足インフロントに引っ掛けながらジャンプ

4 内方向にボールを上げる

突破

7 左足インステップで斜め下から横に弾く

8 ボールの進む方向に走り、縦突破

せることなく、浮いたボールを横に弾いて縦突破だ!!

クロスステップでボールの軌道を変えろ!!

111

カミワザ
しょうちゃん編

No.8

ボールよ、昇り竜の如く舞い上がれ!!
ライジングドラゴン

1対1

1 相手DFと向かい合った1対1の局面

2 左の足裏でボールをキャッチ

5 軸足(右足)方向にコントロール

6 左足で内から外に弾く

このページは左足でドリブルしています。右利きの人は、左右の足を置き換えてください。

ポイント

▶最初の浮かしで全てが決まる! つま先に引っ掛けて浮かすと同時に軸足をジャンプさせると、ボールはしっかり浮いてくれる! ▶浮かせたボールの軌道は内・外・内をイメージだ!!

112

試合で使うというよりは遊び感覚として覚えてほしいテクニック。使いこなせれば魅せる技になると同時に柔軟性やボディバランスを身につけることもできるぞ!!

このQRコードから動画を読み込んでください

3 ボールを引きながら軽く後ろに下がる

4 左足のつま先に引っ掛けて浮かす

突破

7 すぐに左足で外から内に弾く

8 DFの逆をつき、ボールの軌道に向かい突破

左右の揺さぶりが技を一段と輝かせる!!

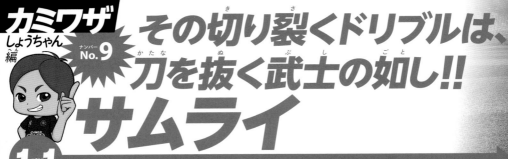

カミワザ

しょうちゃん編

No.9

その切り裂くドリブルは、刀を抜く武士の如し!!

サムライ

1対1

1 右足のインロールの体勢に入る

2 内に転がし
軸足（左足）付近で止める

5 右足でキャッチし
軸足（左足）方向に引く

6 左足のつま先に引っ掛け
ボールを外方向に上げる

1対1で勝つ！突破のドリブルテクニック50

このページは左足でドリブルしています。右利きの人は、左右の足を置き換えてください。

ポイント

▶インロールからシザースまでを一連の流れで行い、浮かしたボールをインサイドタッチでソフトにコントロール。そこからすぐに足を入れ替えてインステップで仕留めるように弾く。
▶駆け引きよりも自分のリズムに持ち込み、

114

サムライが刀を抜くように鋭いテクニック。細かいフェイントで流れを作り、ラストはダイナミックに切り裂く。

このQRコードから動画を読み込んでください

3 右足で斜め前に転がす

4 左足で内から外にまたぐ(シザース)

突破

7 軸足(左足)の後ろで右のインサイドタッチ

8 足を入れ替え左のインステップで弾いて突破

相手DFを決して飛び込ませない!! これができたら君はサッカー界のラストサムライだ!!

タッチの強弱でリズムを作れ!

ステップのお祭り騒ぎ!!
ザ・カーニバル

1対1

1 左足インサイドタッチで内に押し出す

2 ボールよりも先の位置に右足を踏み込む

5 ボールよりも前に着地

6 左足インサイドで軸足(右足)の後ろを通す

1対1で勝つ!突破のドリブルテクニック50

このページは左足でドリブルしています。右利きの人は、左右の足を置き換えてください。

ポイント

▶最も難易度が高いのはアウトサイドタッチ後のクロスまたぎだ!! このテクニックを成功させるにはアウトタッチ後すぐに飛び出すようにジャンプすることだ!! これができればボールを上手くまたぐことが可能だろう!

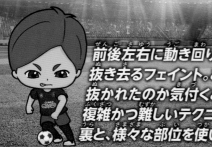

前後左右に動き回り相手DFを翻弄、一瞬の隙も与えず抜き去るフェイント。この技を見せた時、DFはどうやって抜かれたのか気付くことはないだろう！それほどまでに複雑かつ難しいテクニックで、インサイド・アウトサイド・足裏と、様々な部位を使いこなせて初めて為せる業だ。

このQRコードから動画を読み込んでください

3 左足アウトサイドタッチで外に押し出す

4 後ろ足（右足）をジャンプし前に飛び出しながらボールをまたぐ

突破

7 右の足裏でキャッチし斜め後ろに引く

8 左足インサイドで押し出し突破

難易度MAXだけど使えるフェイント

ドリブルタッチ練習

このコーナーではドリブルタッチの練習メニューを紹介します。毎日コツコツ行うことで確実にボール及びが上手くなるぞ！

これを練習すると？

インサイドタップ

インサイドの細かいタッチが身につき、ドリブルやターンの時の正確なタッチができるようになる。

1 右足インサイドでタッチ

2 左足インサイドでタッチ

これを練習すると？

ソールタップ

足裏での細かいタッチが身につき、ドリブルやターンの時の正確なタッチができるようになる。

1 右足裏でタッチ

2 軽くジャンプさせるようにしながら左足に持ち替える

このQRコードから動画を読み込んでください

3 もう一度
右足インサイドでタッチ

4 左足インサイドでタッチ。
これを交互に繰り返し
前に進む（帰りは後ろ向きで）

チェックポイント

▶細かいタッチができている
▶しっかりインサイド部分で触れている▶たくさんボールに触りながら移動できている

このQRコードから動画を読み込んでください

3 左足裏でタッチ

4 軽くジャンプさせるように
しながら右足に持ち替える。
これを交互に繰り返し
前に進む（帰りは後ろ向きで）

チェックポイント

▶細かいタッチができている
▶足裏前方部でしっかりタッチができている▶たくさんボールに触りながら移動できている

イン・アウト

インサイドとアウトサイドのタッチ感覚を養いながら、軸足の素早いステップが身につく。

1 右アウトサイドでタッチ

2 タッチした瞬間に軸足（左足）も一緒に移動させる

アウト・アウト

アウトサイドを上手く使ったドリブルができるようになり、体重移動がスムーズになる。

1 左足アウトサイドで「押し出すタッチ」

2 すぐに右足アウトサイドで先にボールを「止めるタッチ」

このQRコードから動画を読み込んでください

3 右インサイドでタッチ

4 タッチした瞬間に軸足(左足)も一緒に移動させる。これを交互に素早く繰り返しながら前に進む(右足が出来たら、左足でもやってみよう)

チェックポイント

▶ インサイドとアウトサイドを上手く使って細かいボールタッチができている ▶ ボールを動かしながら軸足も左右にステップできている ▶ ボールが体から離れず一緒に移動できている

このQRコードから動画を読み込んでください

3 軸足(左足)を反対側へ移動させてすぐに今度は右足アウトサイドで「押し出すタッチ」

4 すぐに左足アウトサイドで先にボールを「止めるタッチ」。これを交互に素早く繰り返しながら前に進む

チェックポイント

▶ 1タッチ目は「押し出す」ようにしてタッチができている ▶ 2タッチ目の時に、先にボールから触れている(軸足の移動はその後) ▶ 1タッチ目と2タッチ目の間の時間を短くできている

両足イン・アウト

これを練習すると？

左右の足を上手く使いながらボールの持ち替えができるようになる。

1 右足アウトサイドでタッチ

2 右足インサイドでタッチ

ダブルタッチ・アウト・イン

これを練習すると？

タッチのリズムを変えるドリブルができるようになることで突破のドリブルにつながる。

1 右足インサイドでボールを動かし…

2 左足インサイドでボールをストップ（ダブルタッチ）

このQRコードから動画を読み込んでください

チェックポイント

▶両足のインサイドとアウトサイドを上手く交互に使えている ▶タッチが大きくなりすぎず、細かいタッチができている（タッチのテンポが一定）▶ボールが体から離れず一緒に移動できている

3 左足アウトサイドでタッチ

4 左足インサイドでタッチ。この流れを繰り返しながら前に進む

このQRコードから動画を読み込んでください

チェックポイント

▶ダブルタッチの時にボールを素早く動かせている ▶ダブルタッチの後すぐに逆足アウトサイドでタッチできている ▶ボールコントロールが乱れることなく繰り返しできている

3 すぐに右足アウトサイドでボールを押し出し…

4 右足インサイドでボールを止める。同様に今度は左足から同じ流れでボールタッチを繰り返しながら前に進む

ロール・イン・アウト

足裏を上手く織り交ぜながらドリブルができるようになる。

1 右足裏でボールを転がす（ロール）

2 左足インサイドでストップ

高速ロール

足裏を使って運ぶドリブルができるようになり、ドリブルのバリエーションが増える。

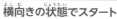

1 横向きの状態でスタート

2 右足裏でボールを転がす（ロール）

このQRコードから動画を読み込んでください

3 すぐさま
右足アウトサイドでタッチ

4 右足インサイドでストップ。同様に今度は左足裏ロールから同じ流れでボールタッチを繰り返しながら前に進む

チェックポイント

▶足裏ロールからインサイドのところで素早くボールを動かせている▶足裏、インサイド、アウトサイドを使いながら細かいタッチができている▶ボールコントロールが乱れることなく繰り返しできている

このQRコードから動画を読み込んでください

3 転がした方の足をボールのすぐ後ろに着地

4 これを高速で繰り返しながら横に進む(余裕があれば左足でもやる)

チェックポイント

▶大きくではなく細かいタッチ(ロール)ができている▶移動中は常に自分の足元にボールがある▶反対側に移動するまでになるべくたくさんボールを触っている

アウト・シザース

シザースとシザース前の1タッチの感覚を養い、シザースフェイントの上達につながる。

1 左足アウトで
小さくタッチ

2 左足で素早く
ボールをまたぐ

バックビハインド

足裏とインサイドを上手く使ったボールキープができるようになる。足さばきが良くなる。

1 右足裏でボールを後ろに
引く。この時、軸足（左足）を
軽くジャンプさせる

2 右足インサイドで
軸足（左足）の後ろに
ボールを通す

このQRコードから動画を読み込んでください

チェックポイント

▶アウトのタッチが小さくできている▶タッチした後、シザースする足のすぐ前にボールを置けている▶シザースをした後、すぐに逆足アウトのタッチができている

3 すぐに右足アウトで小さくタッチ

4 右足で素早くボールをまたぐ。これを交互に繰り返しながら前に進む

このQRコードから動画を読み込んでください

チェックポイント

▶足裏でボールを引いた後、インサイドでボールを触れている▶ボールを引いた瞬間、軸足を軽くジャンプさせている▶しっかり軸足の後ろにボールを通せている

3 左足裏でキャッチ。ボールを後ろに引く

4 同様に左足インサイドで軸足（右足）の後ろにボールを通し、右足裏でキャッチ。これを左右交互に繰り返しながら後ろに下がっていく

2021年5月17日　第1刷発行
2023年9月1日　第6刷発行

著者
REGATE ドリブル塾（TAKUYA＆しょうちゃん）

発行人
尾形誠規

編集人
平林和史

発行所
株式会社　鉄人社
〒162-0801 東京都新宿区山吹町332　オフィス87ビル 3階
TEL 03-3528-9801　　FAX 03-3528-9802　　http://tetsujinsya.co.jp/

デザイン
鈴木 恵（細工場）

イラスト
すろーね　Twitter：@showdie00

写真（カバー＋本文 3・4・30・52・74P）
木部伸治

モデル（カバー 表4）
山口琥太郎

印刷・製本
株式会社 シナノ

ISBN978-4-86537-211-3　C0075　　©Regate Dribble School　2021

本書へのご意見、お問い合わせは直接、弊社までお寄せくださるようお願いします。